पुतली में संसार
(कविताएँ 1996-2002)

पुतली में संसार

अरुण कमल

वाणी प्रकाशन

वाणी प्रकाशन

4695, 21-ए, दरियागंज, नयी दिल्ली 110 002

शाखा

अशोक राजपथ, पटना 800 004

फ़ोन: +91 11 23273167 फ़ैक्स: +91 11 23275710

www.vaniprakashan.in
vaniprakashan@gmail.com

PUTALI MEIN SANSAR
by Arun Kamal

ISBN : 978-93-5000-933-8
Collection of Poems

संस्करण 2004
आवृत्ति 2013

मूल्य : ₹125

न्यू कृष्णा ऑफ़सेट, दिल्ली-110093 में मुद्रित

वाणी प्रकाशन का लोगो मक़बूल फ़िदा हुसेन की कूची से

आदरणीय डॉ. नंद किशोर नवल जी को कृतज्ञतापूर्वक

'विनयपत्रिका' दीन की, बापु! आपु ही बाँचो।
हिये हेरि तुलसी लिखी, सो सुभाय सही करि
बहुरि पूँछिये पाँचो।।

— **तुलसीदास**

अनुक्रम

पुतली में संसार

पुतली में संसार

और मैं देखता हूँ, तो मुझे केवल पुतली नहीं
पूरी आँख दिख रही है गुरुदेव
और मछली और वह खम्भा
और आकाश और आप और ये सब जन धनुर्धर
इतनी भीड़ इतनी ध्वनियाँ
और मैं तो केवल नीचे ताक रहा हूँ, तेल के कुण्ड में
फिर भी पूरा आकाश घूमता लग रहा है
और मुझे मछली की पुतली में घूमती
एक और छवि दिख रही है देव
किसकी छवि है यह
मछली किसे देख रही है
और कोई मुझे उसके भीतर से देख रहा है
मेरी पुतली पर इतनी छायाएँ
इतनी बरौनियों इतनी पलकों की अलग अलग छाया
मुझे मछली की नदी की गंध लग रही है देव
मेरी देह में इतनी गुदगुदी
इतने घट्ठों इतने ठेलों भरी देह में यह कैसा कम्पन
मैं सारे मंत्र भूल रहा हूँ
सारी सिद्धि निष्काम हो रही है
ढीली पड़ रही हैं उँगलियाँ
पसीने से मुट्ठी का कसाव कम

मेरे पाँव हिल रहे हैं
कंठ सूख रहा है–
मुझे तो देखना था बस आँख का गोला
और मैं इतना अधिक सब कुछ क्यों देख रहा हूँ देव!

पूँजी

न पहाड़ों के गीत थे मेरे पास
न घाटियों दर्रों के,
न सागर नदियों के गीत थे
न नाविक मछुवारों के,
मैं तो मैदानों खेतों का रहनवार
थोड़े से बोल थे बगीचे बधारों के।

आत्मकथा

न लेखक गृह का एकांत
न अनुदान वृत्ति का अभ्यास,
जितनी देर में सिंझेगा भात
बस उतना ही है अवकाश।

चलते चलते डालनी चप्पल
गिरते हँफते उठाना राग,
खड़े मंच पर पात्र तैय्यार
शेष अभी लिखना संवाद।

कैसे सिल पर घिसूँ जायफल
तेल ठोप भर, ज्यादा गाद।

आंतरिक

नहीं, कोई तुम्हें कुछ दे नहीं सकता
सब कुछ पाने के बाद भी बेचैन रहोगे
अपने कवच अपने बख्तरबंद में दबा तुम्हारा दिल
धौंकेगा भाँथी सा अंगारों को सुलगाता
और एक भँवर उठेगी मरोड़ती भीतर।

सब कुछ पाने के बाद भी कितना खाली
तुम्हारा हाथ भग्न लकीरों से भरा
और तुम्हारा अंतर एक खाली छत्ता
वक्ष पर टँगे तमगे धँसेंगे भीतर माँस में

सब कुछ पाने के बाद भी तुम इंतजार करोगे
रात के अँधेरे में लम्बे सुनसान गलियारे के पार
किवाड़ के पीछे उस सांवली स्त्री का
जो पता नहीं आज भी आयेगी या नहीं
और तड़केगा रोम रोम बलतोड़ की पीड़ा से
तसर वस्त्र के भीतर।

तमगा

वे हद से हद मुझे मार देंगे
इससे अधिक कोई किसी का कुछ कर भी नहीं सकता
वे एक भिखमंगे को उसके पुरखों के पाप की सजा देंगे
एक लोथ को फाँसी

उन्हें डालने दो सूखी नदी पर जाल
बादलों को किसका डर है
मुझे किसी का डर नहीं
जो कुछ खोना था खो चुका
जो कुछ पाना है वह कोई देगा नहीं

बहुत दुनिया मैंने देख ली
मोक्ष की फिर भी चाह नहीं
चौरासी लाख योनियों में भटकता फिरूँगा
ऐसे ही भोग और राग में लिप्त
अन्न और औरत के मोह में पागल

वे काँसा भी नहीं पाएँगे सोना तो दूर
मैं हीरे का तमगा छाती में खोभ
खून टपकाता फिरूँगा मँहगे कालीनों पर—
निशाने को बेधने के बाद यह गोली
राँगे का टुकड़ा ही तो है।

तड़ाग

सुसज्जित बैठकों में गाव तकिए पर पसरे
पीकदान भरते भद्र रसिकों के बीच नहीं
न ही शाम को विदेशी काव्य और रमणियों
की चर्चा में गर्क वयस्कों के बीच शराब की तीसरी डेग पर—
अगर याद ही किया जाय मुझे तो उनके बीच
जो अभी अभी सोकर उठे हैं
और आधी नींद में नहा रहे हैं
स्कूली बच्चे और पहली पाली के कामगार
उसी तरह वे देखें मुझे जैसे अचानक कोई तड़ाग
देख लेता है मुड़ते मुड़ते
बस एक पल, और जब रुक कर देखने लगता है
तो कुछ भी खास तो नहीं, बस याद करता रह जाता है कुछ
और आँखें भटकती हैं इधर उधर।

वापस

जैसे रो धो कर चुप हो हाथ मुँह धो
अंतिम हिचकी भर
वापस चूल्हे के पास लौटती है नयी वधू
भाई के जाने के बाद

वैसे ही लौटो तुम भी
बहुत हुआ बहुत रोये गाये
अब साँझ हो रही है
बत्ती जलाओ और शुरू करो फिर वही पाठ
वहीं जहाँ छोड़ा था कल।

उल्लंघन

चींटी को देखकर लगता है
उसे कितने जतन से बनाया गया होगा,
उसमें जरा-सा शहद
एक बूँद की भी बूँद
ऐसे भरना कि जरा भी जाया न जाय—
जो लोग बहुधा कला की बात करते हैं
उनसे मेरा कहना है कि हाथी बनाने से कहीं ज्यादा
बहुत ही ज्यादा मुश्किल है चींटी बनाना,
वैसे यह भी सही है कि जिसके पास ढेर सारा शहद है
वह एक करोड़ चींटियाँ रचने के बजाय
एक अच्छा सा हाथी क्यों नहीं बनाएगा, बल्कि निर्मित
करेगा?

और ये दोनों कला की दो अतियों के प्रमाण हैं
और इसीलिए एक दूसरे के तोड़ भी,
और मजे की बात यह कि दोनों ही उल्लंघन हैं
यथार्थ का।

सूचकांक

पहले एक किताब की दुकान पर काम पकड़ा
हफ्ते भर रहा फिर बैठ गया
बोला, मन नहीं लगा;
जब रात भर पेट गुड़गुड़ाया तो फिर एक प्रेस में लग गया
और कोई दस दिन बाद मुझे मंदिर की सीढ़ी पर मिला
मालिक जल्लाद था, बोला;
तब विद्यार्थियों के लिए टिफिन ढोने लगा बाँस के डंडे पर
और चौथे ही दिन अंडा चुराने के इल्जाम में वापस
सड़क पर;
फिर एक कूरियर सर्विस में घुस गया
और भूत की तरह बारह दिन सायकिल रौंदने और
सैकड़ों फ्लैटों की घंटियाँ बजाने के बाद
उसे अचानक लगा कि वह सिर्फ खुराकी पर खट रहा है
तो एक दिन मय चिट्ठियों के चम्पत हो गया;
फिर तो कई काम किये, छोड़े, किये छोड़े
मारा मारा फिरा एक दो बार घायल भी हुआ पता नहीं कैसे,
एक दिन अस्पताल में मिल गया बिस्तर पर पड़ा पड़ा
खिड़की से पुकारा
पर प्यारे ने हिम्मत नहीं हारी
हाथ पाँव मारता रहा
आखिर एक दारू भट्ठी में जुगाड़ लगा

और यहाँ वह टिक गया
शरीर भी अब गोटा गया
फूट से दो दो कमीजें खरीदीं, एक सफेद एक धारी वाली
एक काला चश्मा
और एक कैप जिसे कॉलेजिया लड़कों की तरह उल्टा पहनता
और एक लड़की भी देख ली रिश्ते में
तभी एक दिन देखा उसे मैंने
पटने के अशोक राजपथ पर
अगल बगल सिपाही
कमर में रस्सा!

स्वप्न

वह बार बार भागती रही
ज्यों अचानक किसी ने नींद में पुकारा
कभी किसी मंदिर की सीढ़ी पर बैठी रही घंटों
और फिर अंधेरा होने पर लौटी
कभी किसी दूर के सम्बन्धी किसी परिचित के घर
दो चार दिन काटे

कभी नैहर चली गयी
हफ्ते माह पर थक कर लौटी
हर बार मार खा भागी
हर बार लौट कर मार खायी
जानती थी वो कहीं कोई रास्ता नहीं है
कहीं कोई अंतिम आसरा नहीं है
जानती थी वो लौटना ही होगा इस बार भी
गंगा भी अधिक दूर नहीं थीं
पास ही थीं रेल की पटरियाँ
लेकिन वह जीवन से मृत्यु नहीं
मृत्यु से जीवन के लिए भाग रही थी
खूँटे से बँधी बछिया-सी जहाँ तक रस्सी जाती, भागती
गर्दन ऐंठने तक खूँटे को डिगाती
वह बार बार भागती रही
बार बार हर रात एक ही सपना देखती

ताकि भूल न जाये मुक्ति की इच्छा
मुक्ति न भी मिले तो बना रहे मुक्ति का स्वप्न
बदले न भी जीवन तो जीवित बचे बदलने का यत्न।

ग्रहण

तीन बज कर बारह मिनट पर
गिरती है धूप खिड़की से होकर चौकी पर
एक सलोनी गर्म पट्टी
और मेरी देह खुलने लगती है
जैसे कोई कुंजी घूमी जकड़े ताले में

तीन बज कर बारह मिनट से
तीन सैंतीस तक टिकती है धूप
फिर एक ठंड भरी छाँह मूँद लेती है घिर कर
मैं खिड़की बंद करता हूँ।

लेकिन आज अचानक यह धूप रुक कैसे गयी
अचानक यह छाया
मैंने देखा दूर ऊपर नयी बिल्डिंग की बाल्कनी पर
कोहनी टेके कोई खड़ा है धूप पर
इतनी धूप कि मेरी आँख सिकुड़ती है

कौन छेंक रहा है मेरी धूप?
किसकी छाया से ग्रहण है आज?
कौन राहु? कौन फिरंग? कौन आज तीन बारह पर?

जिसने खून होते देखा

नहीं मैंने कुछ नहीं देखा
मैं अंदर थी बेसन घोल रही थी
नहीं मैंने किसी को

समीर को बुला देंगी
समीर मैंने पुकारा
और वह दौड़ता हुआ आया जैसे बीच में खेल छोड़
कुछ हाँफता
नहीं नहीं मैं चुप रहूँगी मेरे भी बच्चे हैं घर है

बह बहुत छोटा था अभी
एकदम शहतूत जब सोता
बहुत कोमल शिरीष के फूल सा
अभी भी उसके मुँह से दूध की गंध आती थी
ओह मैंने क्यों पुकारा
क्यों मेरे ही मार्फत यह मौत मैं ही क्यों कसाई का ठीहा
नहीं नहीं मैं कुछ नहीं जानती मैंने कुछ नहीं देखा मैंने किसी
को

वे दो थे एक तो वही उन्होंने मुझे बहन जी कहा या आंटी
रोशनी भी थी और अँधेरा भी बहुत फतिंगे थे बल्ब पर
मैं पीछे मुड़ रही थी
कि अचानक

समीर मैं दौड़ी समीर
दूध और खून
खून
नहीं नहीं नहीं कुछ नहीं

मैं सब जानती हूँ
मैं उन सब को जानती हूँ
जो धाँगते गये हैं खून
मैं एक एक जूते का तल्ला पहचानती हूँ
धीरे धीरे वो बंदूक घूम रही है मेरी तरफ

चारों तरफ

उधर के चोर

उधर के चोर भी अजीब हैं
लूट और डकैती के अजीबो गरीब किस्से–
कहते हैं ट्रेन डकैती सात बजते बजते सम्पन्न हो जाती है
क्योंकि डकैतों को जल्दी सोने की आदत है
और चूँकि सारे मुसाफिर बिना टिकट
गरीबगुरबा मजदूर जैसे लोग ही होते हैं
इसलिए डकैत किसी से झोला किसी से अँगोछा चुनौटी
खैनी की डिबिया छीनते-झपटते
चलती गाड़ी से कूद रहड़ के खेत में गुम हो जाते हैं;
और लूट की जो घटना अभी अभी प्रकाश में आयी है
उसमें बलधामी लुटेरों के एक दल ने दिनदहाड़े
एक कट्ठे खेत में लगा चने का साग खोंट डाला
और लौटती में चूड़ीहार की चूड़ियाँ लूट लीं;
लेकिन इससे भी हैरतअंगेज है चोरी की एक घटना
जो सम्पूर्ण क्षेत्र में आज भी चर्चा का विषय है–
कहते हैं एक चोर सेंध मार घर में घुसा
इधर उधर टो-टा किया और जब कुछ न मिला
तब चुहानी में रक्खा बासी भात और साग खा
थाल वहीं छोड़ भाग गया–
वो तो पकड़ा ही जाता यदि दबा न ली होती डकार।

पक्ष का कारण

पूरी बहस में मैं जूता उतारने के खिलाफ था
मेरा कहना था कि
जूता उतारकर अंदर आने को कहना
न सिर्फ असभ्यता की निशानी है बल्कि सामंती मनोवृत्ति का अवशेष भी
और इसीलिए बैठके में जूता पहने दनदनाते घुस जाना विद्रोही कार्रवाई
और ऐसा अक्सर देखा गया है कि जो जितना भ्रष्ट और व्यभिचारी है
वह उतना ही जूते उतार कर भीतर बुलाने का हामी
और तो और उसका वश चले तो जांघिया भी उतरवा ले
क्योंकि बाहर की गंदगी केवल जूतों के जरिए ही तो अंदर नहीं आती

इस तरह एक लम्बी बहस चली
पर सच बात तो यह थी कि मैं जूता उतारने के
इसलिए खिलाफ था कि मेरा पैताबा
तार तार था।

बैठकी

जब तक काम चल सकता था चला
जब अँधेरे ने ढाँप दी दरी माथा माथे से लड़ा
सो पेट्रोमैक्स आया जो बीच में रखाया
हठात् प्रकाश में जिसके लगा सब डिगा डिगा
और रखते ही लुझ आये कीड़े
मानो कोई भैंस ताल को हींड़े
फिर पता नहीं कैसे बचता बचाता
अभ्यस्त अध्यक्ष सा मेंढक आया हँसता हँसाता
जम गयी सभा सफल भयी सभा
बोले वक्ता कुछ जँभा कुछ रँभा
भाषण चलता गया
गैस जलता गया
कीड़े आते गये
मेंढक खाता गया

राजकीय सम्मान

सामने से सबको हटा दिया गया

शव था चिता पर मुखाग्नि के पहले
और वैसे नियम तो शायद इक्कीस का है
पर पता नहीं कैसे कुल बारह सिपाही थे
कुछ चुस्त कुछ ढीली पैंट में

और शव को सलामी दी गयी

कप्तान ने चौड़ा मुँह खोल कुछ हो हौ किया
और दस बंदूकें छूटीं
दो की गोली ही फँस गयी
और एक की नली तो इतना नीचे थी
कि लगा गोली शव को लगेगी
पर वह बाल बाल बच गया

और इस तरह तीन बार हो हौ हुआ
तीन बार शायद गोलियाँ छूटीं
और जो मंजिल में आये थे सब जले
मृतक के ऐश्वर्य पर

इस प्रकार पूर्ण राजकीय सम्मान के साथ
वह जल कर राख हुए।

बिछावन

तुम्हें कभी मालूम भी न होगा
कि एक दिन मैं, एक नेटिव, तुम्हारा गुलाम
आ गया था अन्दर तुम्हारे सोने के कमरे तक
और बैठा था और थोड़ा उठँगा था तुम्हारे पलंग पर
बस यह देखने कि कैसा लगता है वाइसराय का बिछावन

अब अजायब की चीज है तुम्हारा पलंग
तुम्हारी कुर्सियाँ, दीवान और स्नान घर
और कपड़ों की आल्मारियाँ और भोजन की मेज;
अजायब की चीज है टॉर्चर चैम्बर,
काल कोठरियाँ और मौत का कुआँ—
कल का साम्राज्य आज का अजायब घर

माफ करना बेअदबी
मैं तो बस यूँ ही देख रहा था कि
कैसे रहते थे साहेब, कैसा था साहेब का बिछावन—
तुमसे कहीं ज्यादा कीमती, कहीं ज्यादा गुदगुद है
अपने मंत्री जी का बेड—
अब हम गुलाम नहीं।

मुठभेड़

दोनों तरफ खड़े थे लोग झुंड में छतों छज्जों पर और सड़क
खाली हवा बेरोक।
लगा कुछ हुआ है।
पर मैं बढ़ता गया।
आगे कतारें थीं जीपों की कारों की।
जीप पर सिपाही तीन तरफ मुँह किये, सत्यमेव जयते के
शेरों-से,
बंदूक ताने—रुक जाओ। कहाँ जा रहे हो?
उधर घर है।
डिब्बे में क्या है? उसने डिब्बा खोल कर देखा—दूध!
दस कदम बाद फिर—ठहरो। डिब्बे में क्या है?
उसने भी डिब्बा खोल कर सूँघा—दूध!
लगा वो पी जाएगा, ढक्कन बिठाने में देर की।
अब मेरा घर बस दस मीटर दूर था। सीमा रेखा साफ दिख
रही थी।
मैं आखिरी चौकी पार कर रहा था कि चार रंगरूट एक साथ
दौड़े
और मैं घिर गया।
इतनी फौज है इस देश में!
सामने छज्जे से बच्चे चिल्लाए।
पत्नी ने हाथ से इशारा किया, भागो।
परन्तु मैं फँस चुका था।

साफ निशाने पर था। जब सब भीतर थे तब मैं बाहर था।
हाथ में डब्बा था।
या तो मैं आतंकी था या कि आतंकित नहीं था।
एक ने मेरी कालर पकड़ी। इस तरह तलाशी ली ऊपर नीचे
हाथ फिरा कर
आगे पीछे कि मुझे लगा वह होमो है—
इधर कहाँ जा रहे हो डब्बा लेकर?
दूध है।
दूध गाय का है या बकरी का? यह कोई अफसर था
तिनतारा।
क्या प्रूफ है कि यह दूध ही है?
तभी सीटी बजी और सब भागे। छड़पे। भागे।
मैं दीवार से सट गया। छिपकली भागी। सायरन। लाल पीली
चकरी।
और देखते देखते पूरी गली साफ
जैसे पानी दहाने के बाद संडास।
जा चुका था सी.एम. किडनैपर
से मिल कर जो इस गली के अपने पुश्तैनी मकान में छिपा पड़ा
था इन दिनों
एक टाँग तोड़ कर।

शिविर

(जम्मू से लौटते हुए)

'शरणार्थी शिविर अब इस बार नहीं जा पाएँगे।
मन तो बहुत था। पर ठंड लग रही है। ललाट तप रहा है।
ये कैसी हवा है यहाँ?'

'आप और कम्बल डाल लो। लेट जाओ।'

मैं झुक रहा हूँ।
मैं पाला लगे खेत सा झुक रहा हूँ।
बदन गनगना रहा है। आँखें झिप रही हैं।
लगता है गिर जाऊँगा इस अजनबी शहर में।
मेरा घर यहाँ से एक हजार सात सौ सत्तर किलोमीटर दूर है।

शरणार्थी शिविर अब इस बार नहीं जा पाएँगे।
घर से सोच कर तो चला था।

कितनी ठंड है अभी भी माघ में यहाँ।
'शिविर में प्रबंध है?'
'ज्यादातर तो लू से मरे– गर्मी से– मघुमेह बहुत है इधर
मैं तो इसी एक कोठरी में रहा कई साल पूरे परिवार के साथ।'

मैंने कहवा पिया।
आज देवी सरस्वती का कोई व्रत था। वितस्ता का जन्मदिन
शायद।

राजी रहो बेटा, माँ ने कहा।
दोस्त ने सामान उठाया।
मैं ठीक से प्रणाम भी न कर सका गृहलक्ष्मी को।

पटना में अपना घर है आपका?
नहीं।
गाँव पर?
नहीं।
फिर?
मेरा कंठ सूख रहा है
शरणार्थी शिविर अब इस बार रह गया।

और स्टेशन के पहले हमारा ऑटो दो बार रोका गया।
अचानक तेज टॉर्च। खोजबीन। तलाशी।
कुछ बोलो मत। चुपचाप उतर लो। दोनों हाथ ऊपर।
मेरी गाड़ी छूटेगी तो नहीं?
जो हो, बोलो मत। शक तो सब पर है। खतरा भी।

इस ठंड में मेरा शरीर खेतों के बीच अलाव सा जल रहा है
'जो प्रेम करता है उससे ज्यादा शरणार्थी कोई नहीं
याद रख बंदे, इस दिल से बड़ा कोई शिविर नहीं' —
किसकी कविता याद आयी बेसाख्ता। लगता है ज्वर बढ़ रहा है।

तुम देर न करो दोस्त लौट जाओ।
जितनी जल्द घर पहुँच लो उतना अच्छा।
मैं तो रास्ते में हूँ ही।

घर

जो घर से निकल गया उसका इंतजार मत करना
कहाँ जाएगा कहाँ ले जायेगी हवा उसे
कहाँ किस खंदक किस पुल के पाये में
मिलेगी लाश उसकी
तुम पहचान भी सकोगे या नहीं
या एक ही निशान होगा जाँघ का वो तिल तुम्हारे वास्ते

ऊपर उठा जो गुब्बारा
किसने देखा क्या हुआ उसका
जब तक मिलेंगे पाँव के निशान
वह किसी तट पर डूब चुका होगा

बंद कर लो द्वार
मत पुकारो
लौट जाओ अपने घर
वह हवा की तरह दुष्प्राप्य है

यह दुनिया माँ का गर्भ नहीं
जो एक बार घर से निकला
उसका फिर कोई घर नहीं।

कथा

जब उस युग की कथा कही जाएगी
तब कहा जाएगा
घर तब सबसे असुरक्षित थे
और कब्रगाह सबसे सुरक्षित

एक समय ऐसा भी आया
जब खाली हो गया पूरा गाँव जलते चूल्हों को छोड़
तब कहा जाएगा हमने ऐसा भी देखा
कि एक बच्चा मृतक माँ का दूध पी रहा था

और एक समय ऐसा भी आया
जब जीने से अच्छा लगा मरना

जब उस युग की कथा कही जाएगी

दस बजे

जब से इस शहर में आया यही शगल रहा रोज का
गाँव में था तो बधार जाता या नदी किनारे
यहाँ कोई काम तो था नहीं सो रोज अपने डेरे से निकलता
और जाकर मुख्य चौराहे पर एक बगल खड़ा हो जाता
क्योंकि वही समय था जब सारी सड़कें भरी रहतीं कंठ तक
सन की भीगी रस्सी के गिट्ठे सा खोले न खुले ऐसा चौरस्ता

यही देखता घंटों खड़ा रहता धूप में
ऐसा आँख बाँध लेने वाला दृश्य था

ठीक दस का वक्त जब
सबको घर से निकल कहीं न कहीं जाना था
जिसे कहीं नहीं जाना था उसे भी सड़क पर आना था
इसलिए पूरा शहर खलबला रहा था
जब रिक्शे के पहिए एक दूसरे में फँसते
टमटम का चक्का टेम्पू में लड़ता टेम्पू टेम्पू में लड़ता
और दोनों गर्दन निकाले आगे पीछे खींचने का करतब करते
तब तक एक स्कूटर जिस पर अभी सिंदूर का टीका
और हैंडिल में पूजा का हार था धप् से घुसता दोनों के बीच
और एक मारूति जरा बाँएं घूम इस तरह बैठती मानो वहीं थी
जन्म से

तभी सामने से बड़े इत्मीनान और ऐश से

घूरा उठाने वाला कनखजूरा ट्रेक्टर माथे पर चढ़ा आता बढ़ता
और हड़कंप मच जाता
और इन सबके बीच लपलपाती एक सायकिल
आगे निकलती सबको छकाती अमरूद भरे ठेले में जा
विसर्जित हो जाती
और तब एक लम्बा सिलसिला शुरू होता हो-हल्ले का
सब चिल्लाते कोसते गालियाँ बकते
एक दूसरे को पीछे हटने, रास्ते छोड़ने, बाँएं दबने, दाँएं कटने
को कोंचते लगातार गरजते धकियाते
मानो चींटियाँ एक हाथी घिसकाने की ज़द में हों, ऐसा
कोहराम
एक दिन तो एक मुर्दा बेचारा फँस गया था बीचोंबीच
और जच्चा अस्पताल जाती रिक्शे पर औरत
जो धान के बोझ सी सम्भाल से बाहर हो रही थी
हालत ऐसी कि न घोंटे बने न निगले
कहीं कोई गाड़ी हिल नहीं रही थी
रिक्शा ठेले में ठेला टेम्पू में टेम्पू कार में कार जीप में जीप
असहाय खड़ा था भोंपू बजाता
लेकिन इन सबसे बेखबर अपने काम में लीन घूरा
उगते बढ़ते छाती तक आ चुका था
वहीं लोग गर्म तले प्याजू खा रहे थे
पान दूकान पर बाजा गरगरा रहा था
एक मंदिर जो ऐन चौराहे की गोद में हाल ही उठा था
भक्तों की अपार भीड़ ले रहा था
एक तगड़ा नौजवान खड़ा खड़ा नाले में खूब जोर से शंका कर
रहा था
चौक का सिपाही चालक की जेब में हाथ डाल अडिग था
और एक मकड़ी मक्खी खा रही थी

तीन मार तो अभी दस मिनट के अंदर हो गये
चार लोग खून से लथपथ बाहर हुए रण से
इधर लाठी उधर त्रिशूल इधर तीर उधर पिस्तौल
एकदम साँस अँटकी पूरा शहर इस तरह अँटका
कि एक बड़ा ही अशौच बिम्ब बार बार याद आ रहा था
जो जहाँ था वहीं फँसा था
सिवाय एक चालू कुत्ते के जो कोटि कोटि गाड़ियों के नीचे
अगल बगल काटता हुचकता पहुँच गया पार कानी कुतिया के पीछे
ठीक तभी एक सरकारी बस ने अपने निजीकरण की घोषणा
कर दी खड़े खड़े

ताज्जुब यह कि सबकी गति अपनी पाँव अपना गाड़ी अपनी
रास्ता अपना गंतव्य अपना
फिर भी सबके सब एक दूसरे में अँटके ठप्प पड़े थे
ठीक दस बजे
एक विकासशील नगर के व्यस्ततम चौराहे पर
दिन के ठीक दस बजे।

मातृभूमि

आज इस शाम जब मैं भींजता खड़ा हूँ आसमान और धरती
के बीच
तब अचानक मुझे लगता है यही तो तुम हो मेरी माँ मेरी
मातृभूमि
धान के पौधों ने तुम्हें इतना ढँक दिया है कि मुझे रास्ता तक
नहीं सूझता
और मैं मेले में खोये बच्चे सा दौड़ता हूँ, तुम्हारी ओर
जैसे वह समुद्र जो दौड़ता आ रहा है छाती के सारे बटन खोले
हहाता
और उठती है शंखध्वनि कंदराओं के अंधकार को हिलोड़ती
वे बकरियाँ जो पहली बूँद गिरते ही भागीं और छिप गयीं पेड़
की ओट में
सिन्धु घाटी का वह साँढ चौड़े पट्टे वाला जो भींगे जा रहा है
पूरी सड़क छेंके
वे मजदूर जो सोख रहे हैं बारिश मिट्टी के ढेले की तरह
घर के आँगन में वो नवोढ़ा भींगती नाचती
और काले पंखों के नीचे कौवों के सफेद रोंये तक भींगते
और इलायची के छोटे छोटे दाने इतने प्यार से गुत्थमगुत्था
ये सब तुम्हीं तो हो

कई दिनों से भूखा प्यासा तुम्हें ही तो ढूँढ रहा था चारों तरफ
आज जब भीख में मुट्ठी भर अनाज भी दुर्लभ है

तब चारों तरफ क्यों इतनी भाप फैल रही है गर्म रोटी की
लगता है मेरी माँ आ रही है नक्काशीदार रूमाल से ढँकी
तश्तरी में
खुबानियाँ अखरोट मखाने और काजू भरे
लगता है मेरी माँ आ रही है हाथ में गर्म दूध का गिलास लिए

ये सारे बच्चे तुम्हारी रसोई की चौखट पर कब से खड़े हैं माँ
धरती का रंग हरा होता है फिर सुनहला फिर धूसर
छप्परों से इतना धुआँ उठता है और गिर जाता है
पर वहीं के वहीं हैं घर से निकाले ये बच्चे तुम्हारी देहरी पर
सिर टेक सो रहे माँ

ये बच्चे कालाहांडी के
ये आंध्र के किसानों के बच्चे ये पलामू के पट्टन नरौदा पटिया
के
ये यतीम ये अनाथ ये बंधुआ
इनके माथे पर हाथ फेर दो माँ
इनके भींगे केश सँवार दो अपने श्यामल हाथों से—
तुम किसकी माँ हो मेरी मातृभूमि?
मेरे थके माथे पर हाथ फेरती तुम्हीं तो हो मुझे प्यार से तकती
और मैं भींज रहा हूँ
नाच रही धरती नाचता आसमान मेरी कील पर नाचता नाचता
मैं खड़ा भींजता बीचोंबीच।

अपनी पीढ़ी के लिए

वे सारे खीरे जिनमें तीतापन है हमारे लिए
वे सब केले जो जुड़वाँ हैं
वे आम जो बाहर से पके पर भीतर खट्टे हैं चूक
और तवे पर सिंकती पिछली रोटी परथन की
सब हमारे लिए
ईसा की बीसवीं शताब्दी की अंतिम पीढ़ी के लिए
वे सारे युद्ध और तबाहियाँ
मेला उखड़ने के बाद का कचड़ा महामारियाँ
समुद्र में डूबता सबसे प्राचीन बंदरगाह
और टूट कर गिरता सर्वोच्च शिखर
सब हमारे लिए
पोलिथिन थैलियों पर जीवित गौवों का दूध हमारे लिए
शहद का छत्ता खाली
हमारे लिए वो हवा फेंफड़े की अंतिम मस्तकहीन धड़
पूर्वजों के सारे रोग हमारे रक्त में
वे तारे भी हमारे लिए जिनका प्रकाश अब तक पहुँचा नहीं
हमारे पास
और वे तेरह सूर्य भी जो कहीं होंगे आज भी सुबह की
प्रतीक्षा में
सबसे सुंदर स्त्रियाँ और सबसे सुंदर पुरूष
और वो फूल जिसे मना है बदलना फल में

हमारी ही थाली में शासकों के दाँत छूटे हुए
और जरा सी धूप में धधक उठती आदिम हिंसा

जब भी हमारा जिक्र हो कहा जाय
हम उस समय जिये जब
सबसे आसान था चंद्रमा पर घर
और सबसे मोहाल थी रोटी
और कहा जाय
हर पीढ़ी की तरह हमें भी लगा
कि हमारे पहले अच्छा था सब कुछ
और आगे सब अच्छा ही होगा।

उत्तर जीवन

(कालीपद कोनार की स्मृति में)

उठ गये महाशय कालीपद कोनार
जो रहते थे तालजुली खड़गपुर बंगाल
जिनके हाथ की तीन चार चिट्ठियाँ हैं घर में
जो लिखते थे बंगला पढ़ते थे हिन्दी
जो बंधु थे मैथिल कवि श्री जीवकान्त के

कँपते थे हाथ
उँगली में कलम टिकती न थी
तन थरथराता धौंकते इंजिन सा ठहरा ठहरा
फिर भी चलती रही यात्रा कविता अनुवाद की—
अनुवाद मतलब दवात कहीं लेखनी कहीं
एक चंद्रमा जिसमें सूर्य की रोशनी
वही घर वही पता
पर खोलता है पत्र कोई दूसरा हाथ—
नहीं मृत्यु नहीं, जीवन का अनुवाद उत्तर जीवन

पोखर पर अचानक फूटता है चाँद का बताशा
छिटकती चाँदनी जैसे धान का लावा
नमस्कार नतशिर नमस्कार
कालीपद बाबू श्री कालीपद कोनार!

दोस्त

खाते वक्त न रोटियाँ गिनी जाती हैं
न जीते वक्त उम्र

जैसे मैं यह आकाश देख रहा हूँ तब से
जैसे मैं यह पहाड़ देख रहा हूँ तब से
जैसे यह नदी और यह इमली का पेड़
वैसे ही तुम मेरे जीवन की मेंड़
मेरी सुरक्षित जमा राशि मेरे जल का बाँध

जानता हूँ कोई है मेरा वीर कहीं
जो बचा लेगा मुझे आखिरी वक्त
चाहे जितना भी पाप करूँ
जो उतार लेगा मुझे फूल सा फाँसी के फंदे से
उसकी आस्तीन में पोंछता चेहरे की गर्द
कोई है जिसके मुँह पर झूठ न बोलूँ
कोई है जिसके आगे गलत सुनते डरूँ
जिसकी नजर से गिरने का मतलब चौबीसवीं मंजिल
से गिरना—
वो क्या है जो आदमी को खींच ले जाता है आदमी के पास
क्या है वो रिश्ता खून से परे
वो शहद का ओस का रिश्ता
वो काँटों भरी बबूल की देह से छूटी गोंद का रिश्ता

वो बँट रही रस्सी के सूतों धागों का रिश्ता

दो छोटे बच्चे जूते चमकाने वाले
बैठे हैं सुबह से गाहक के वास्ते
कि शाम होते होते आता है एक के पास एक ग्राहक
और दूसरा उसे अपनी डिबिया से देता है क्रीम
और फिर दोनों ढाबे में खाते हैं लिट्टी एक साथ

क्या है इस छोटी सी बात में जो आज मुझे व्याकुल कर रहा है–

अभी अभी सुना मैंने चंद्रमा पर जल है
और दोस्त की सुराही में जल
मेरे कुएँ का पानी खारा दोस्त के घर का मीठा जल–
'दोस्त जिनसे जिन्दगी में मानी पैदा होते हैं'।

(भाई कमला प्रसाद के जन्म दिन पर)

साथ

तो अब आज्ञा दीजिए, धन्यवाद क्या कहूँ
कैसे भूल सकता हूँ कि आपने
एक अनजान को शरण दी एक रात
और मेरे जीवन को एक और दिन
मैं तो खड़ा था कब से उस द्वार पर
इतने विशाल कपाट कि थपथप किया
तो हथेली छोटी लगी, इतना कुहासा
कि पुकारती आवाज ढह जाती और ठंड ऐसी
कि देह बुझती जा रही थी
खड़ा था कब से
एक तरफ दुर्ग और एक तरफ मैं
अकेला इस अनजान नगर में कि तभी
एक रोशनी गिरी फिर लम्बी परछाईं
और किसी ने पुकारा
भूख में भोजन और रात में शरण ये उपकार
कभी चुकाये नहीं जाते फिर भी मेरा रोम रोम

नहीं, कोई उपकार नहीं, आभारी तो मैं हूँ जो
अचानक आप मिल गये और रात रहे मेरे साथ
सचमुच मैं इतना अकेला था भय से भरा
इतना सुनसान कि प्रत्येक ध्वनि सुन रहा था

बार बार मेरी पीठ तख्त से उठती टंगती
पता नहीं क्यों हर रात मैं इतनी आवाजें सुनता हूँ
अचानक कोई चीख कोई दौड़ता भागता गिरता
अचानक डूबने की आवाज फिर शोर
जैसे सैकड़ों खुर मुझ पर होके गुजर गये
और मैं धूल में लिथड़ा पड़ा हूँ किनारे
आभारी तो मैं हूँ कि आप मिल गये
और इस रात मैं बच गया
ऐसे भी यह चौकी खाली है बरसों से—
उधर दक्षिण का रास्ता ठीक नहीं आजकल
इधर से निकल जाइये झील के किनारे किनारे।

ईख का रस

और मुझे खींचते भागे
आँख पर पट्टी मुँह बंद हाथ बंधे
लगता था कई थे अगल बगल आगे पीछे
और गिरता भहराता घिसट रहा था रात में
कभी कभी कुत्ते भूँकते कभी कोई खाँसता
फिर केवल पैरों की भगदड़ कंकड़ पत्थर गडहे कीचड़
अचानक मुझे नींद से खींच कर भागे थे बंदूक की नोक पर
और अभी कहाँ था किस ओर कहाँ
बस हवा थी तेज
कभी कभी अचानक अकड़ जाता हवा दीवार सी थी माथा
घूमता
रस्सी में बंधे खस्सी की तरह घिसटता जा रहा था
अचानक कुछ खिला ऐसा लगा
लगा किसी ने छुआ शायद चाँद
और वे तेज भागने लगे
कभी कहीं रुकते और आहिस्ते कुछ पूछते
लगा कहीं छुपाना चाहते हैं अपने किसी अड्डे पर
पर बात टूट रही थी और मैं घिसट रहा था लगातार
वे अब जल्दी में थे
हठात् मेरा पैर ढालवें पर पड़ा
और सरसों के फूल की गंध

फिर बाँस की खर खर चिकनी जमीन फिर चौखट
लगभग गिर पड़ा औंधे मुँह
'जरा भी हिले गोली मार दूँगा'
किसी ने पट्टी खोली और अचानक इतनी रोशनी कि चोट
किसी के घर का ओसारा था
सामने आँगन में औरतें थीं दो, बर्तन मल रही थीं, एक ने
ताका
और एक आदमी बंदूक लिए खाट पर बैठा खैनी मल रहा था
चारों तरफ चहारदीवारी छप्पर आगे का दरवाजा बंद
पर कुछ रास्ता जैसा लगा उधर
'कागज पर सही कर दो दस लाख कुछ नहीं है तुम्हारे लिए'—
'धोखे में हो, एक पैसा नहीं देगा कोई
सब सोचते हैं बुड्ढा मर जाये और धन मार लें'—
'चालू बनते हो, सीधे ठोंक दूँगा'
मौत तै थी
कब किस दिन यह बाकी था
समूचा शरीर अब ऐंठ रहा था
ईख के चेपुए सा निचुड़ कर
एक रास्ता था उधर जिसके पार
एक बकरी के लम्बे कान दिखे
और मैं भागा
औरत चिल्लाई, 'भइया, भागा'
और लगा कुछ पैरों के बीच से फिसला
और वो रास्ता—मैं भागा—फिर एक गोली
छलांग और बाहर खुले में एक टोल
जा रहा था बनिहारों का
लगता है मैं गिर गया था और बेहोश था
और माथे से खून बह रहा था

आँख खुली तो देखा एक पेड़ के नीचे हूँ
और मुझे घेर कर खड़े हैं वे बनिहार
'क्या हुआ'—किसी ने पूछा
खूब धूप थी खूब पीले फूल और चापाकल के पानी की धार
किसी ने बढ़ाया लोटे में ईख का रस
ऊपर आकाश गोल नीला....।

खीरा

यह मत सोचो कि क्या किया
कैसा घर बनाया कितनी जगह ली
बेटों का क्या हुआ बेटियाँ कहाँ गयीं
किसने कैसा पीढ़ा दिया

यही क्या कम है कि तुम अब तक जिये
झुक कर बिना कुछ उठाये
पानी में दौड़े धूप में घूमे शीत में सोए
और तारे गिने दस उँगलियों पर
यही क्या कम है तुमने कुछ सुंदर औरतें देखीं
और कुछ पुरुष भींगी बेंत-से
यही क्या कम है कि कभी कभी ही सही
तुम्हें सोंधा गुड़ मिला और हमेशा नमक
और इस्तरी किए कपड़े पहन तुम सोये
एक बार साफ बिस्तर पर

हो सकता है कल तुम्हें कोई याद भी न करे
पर इससे क्या
जिसे सब कुछ मिला उसे ही कौन याद करता है
वह भी तकिया के खोल सा उतार दिया जाएगा अगली सुबह
जबकि तुम शायद याद किए जाओ
माथे पर लोटा भर पानी पड़ते ही याद आते श्लोक की तरह
शायद याद किए जाओ कि देखो

वह बस इसलिए नहाया कि उसे नहाना अच्छा लगता था
किसी नियम से, किसी को रिझाने, पुण्य के लिए नहीं
बस इसलिए कि उसे पानी का तन से सटना अच्छा लगता था
उसके लिए दुनिया की हाँडी में अलग से कुछ नहीं पका
जो पहले से सबके लिए था उसी में वह भी निबह गया
इसीलिए अंतिम साँस में भी
पहचानो कि किस कटे खीरे की गंध है हवा में
पहचानने की कोशिश करो
शायद वह खीरा भाद्रपद कृष्ण पक्ष की अष्टमी का हो
जिसके लिए तुम पहली बार जगे थे
रात भर।

आत्मकथ्य

जैसे ही कौर उठाता हूँ, कोई आवाज देता है
वह अन्दर आता है और हींग की गंध
उसे हिला देती है, कहता है खाकर आया हूँ
अभी तो हाथ सूखा भी नहीं–
उसकी झुकी पलकें अडिग बरौनियाँ
कंठ का उठना गिरना–
कुछ तो साथ दो, मैं जोर देता हूँ

रोज देखता हूँ आसमान का घुटा हुआ माथा
रोज रात को शरीर तपने लगता है
अचानक जैसे नमक पसीजने लगता है
पता नहीं कब नींद आ जाती है
और सुबह जब उठता हूँ धूप काफी निकल चुकी होती है
आज तो दिखला ही लेना है डॉक्टर से तै कर लेता हूँ
तभी याद आता है आज तो उसका आपरेशन है
जिसके एक बूढ़ी माँ के सिवा और कोई नहीं
कोई कहता है काम छूट गया कोई कहता है पत्नी बीमार है
किसी की बेटी का ब्याह किसी को कुछ
और सुबह सुबह कोई दरवाजा खटखटाता है
मकान मालिक ने कमरे में ताला मार दिया

कोई नहीं जानता मैं खुद कितना कमजोर हूँ

यह जर्जर चौकी ठहरी है बस एक कील पर
छेदों से भरी एक नाव
किसकी लालटेन हिल रही उस पार
गुजरता है क्यों मेरा रास्ता उजड़े घरों बर्बाद खेतों से
बस यही एक दहलता पुल क्यों इस नद पर?

दुनिया में इतना दुःख है इतना ज्वर
सुख के लिए चाहिए बस दो रोटी और एक घर
और वही दिन-ब-दिन मुश्किल पड़ रहा है
दिन इतना छोटा रातें इतनी लम्बी हिंस्र पशुओं भरी
मेरी साँस टूटने के इंतजार में वे आँखें चमक रहीं
आदमी के माँस में इतना नमक क्यों है
इतनी कम जगह इतना भार सिर पर कि
कोई चल कैसे रहा है ढँकी हैं आँख तक
दिन-ब-दिन सड़क पर चलना इतना मुश्किल क्यों है

माफ करना प्यास से तड़पते लोगो
आज मैं दो बार नहाया।

हर आम और खास को

(टु हूम इट मे कन्सर्न)

बहुत दिन पहले की बात है
जब मैं जिंदा था और बर्दवान से इलाहाबाद जा रहा था
रात थी
रोशनी से भरी तेज गाड़ी दौड़ती जा रही थी
और पीकर मैंने खाली डाभ दरवाजे से बाहर फेंका
और सो गया

रात थी खूब गाढ़ी अंधेरी रात
जब रात साढ़े दस बजे एक्सप्रेस गाड़ी एक अंधड़ सी
उस रास्ते से गुजरी
और निर्जन गुमटी पर खड़े इक्कीस वर्षीय चौकीदार ने
हरी बत्ती दिखाते सोचा आज का काम तमाम हुआ
गुजरती गाड़ी के वेग में रोड़े सा थरथराता खड़ा
कि अचानक एक डाभ उसके माथे पर लगा
और 'ऐन मौके पर उसने दम तोड़ दिया' ऐसा अगले दिन छपा

कैसे क्या हुआ कोई नहीं बताता
बस यही कहते हैं कि किसी ने अचानक चलती गाड़ी से डाभ फेंका

और वह डाभ चौकीदार के मस्तक पर लगा—
'रहस्यमयी परिस्थितियों में मृत्यु'

उसे कभी पता भी होगा कि एक रात
उसी के डाभ से एक लड़का मरा था
और जब उसे मालूम होगा कभी कि उस रात
उसी के हाथ से हुई थी यह मौत...

तो क्या बता दूँ उसे वह पाप
जो उसने नहीं किया
वह अपराध जो कभी सिद्ध नहीं होगा
जिसकी कभी कोई सजा नहीं होगी
फिर भी जो घुन की तरह बजता रहेगा भीतर भादों के अँधेरे में

लेकिन किसे पता वह कौन था

कोई हाथ उठाएगा उस रात कौन था?

भीतर

जो न सुन सकता है अब न देख सकता है
वह क्या देख रहा है क्या सुन रहा है
गाँठ पड़ते पड़ते कितनी छोटी रह गयी है
जीवन की रस्सी, बस एक गाँठ
कहाँ से आ रहा है इस तालाब में पानी
एक आँख धुएँ से भरी
और एक तेज करती वेल्डिंग,
बारिश मापने वाले यंत्र सा जमीन में गड़ा
वह बटोरता एक एक बूँद भीतर

जीवन के किस साल में अभी वह घूमा है वापस
जैसे एक बहुत बड़ा घर और चौरासी कोठरियाँ
और वह अकेला घूमता एक एक कोठरी
वही पुरानी हवा वही साँस हर कोठरी की अलग गंध
कहाँ है वह अभी तक लौटा क्यों नहीं
शाम हो गयी और अभी तक बत्ती नहीं
सो गया होगा कहीं किसी चौखट पर सिर धर

इतना एकांत
चलतीं चींटियाँ लगातार
हवा से भरे हुए शीशम
पोखर हरा

और हाथ बाँधे वृक्ष चारों ओर
सरसराता उठता है जल दूर ताड़ के फल तक

पुकारती है वही मिट्टी फिर
इतनी कोमल जड़ों के पोर पर मिट्टी
जैसे मुझे सोख रही हो भीतर
बुलाता है ताल आँख मटकाता
आम के घने अँधेरे बाग लालसा जगाते
और कनेल के पीले फूल कान में कुछ भेद कहते
और वे सब जो थे जो हैं मेरे रोम
सो रहे पुआल पर कहीं—
ओह मेरी देह से सटो मुझे ठंड लग रही है—

और पूर्णिमा का चाँद पीतल का
बज कर शांत स्थिर चाँद पीतल का गगन में
फिर ये थरथर क्यों
आ रही है ध्वनि कहीं कुछ दूर भीतर से
कहीं कुछ बज रहा है
एक सूखा बीज
भीतर।

एक घटना

न मेरे पास संस्मरण हैं विदेशों के
न देश के पर्यटक स्थलों के
पेट जहाँ ले गया, गया जैसे मैं जहाँ गया मेरा जूता गया
और जहाँ भी गया वो जगह मुझे इस तरह दाबे रही
जैसे एड़ियों को जूता काटता
कई बार तो लौटने के बाद पता चलता
कि जहाँ मैं ठहरा था वहाँ से बस तीन मील थी अशोक की लाट
फिर भी यह संस्मरण मैं जरूर लिखूँगा अगर कभी लिखा

हम तीन थे
स्टेशन से उतर कर लपक कर चलने पर भी
अँधेरा हो गया और हमने टॉर्च निकाली
बस एक मील और
वही है जितवारा एक मील से भी कम—
पानी मिलने लगा रास्ता अचानक लुप्त
दलदल घास पतवार और पानी, और आकाश भारी लगा
एड़ी भर घुटने भर कमर भर छाती भर
हम एकदम चुप दोनों हाथ से पानी काटते साँस भारी देह नीचे फोंक

और पानी छाती भर
कमर भर घुटने भर एड़ी भर और जितवारा
अँधेरा ऐसा कि आँख को आँख कौंधती
हमें और भी आगे जाना था रात हमने वहीं शिवालय के
चबूतरे पर बितायी

और सुबह हुई तो देखा पानी
चारों तरफ पानी कहीं कोई टोला नहीं आधे घर छप्पर पेड़ का
माथा
हम सबसे ऊँची जगह पर थे यहाँ खत्म होती थी धरती

'यह घटना ईसा की बीसवीं शताब्दी के अठानबेवें साल के
आठवें महीने की पंद्रह तारीख की बतायी जाती है
उस प्रायद्वीप में उन्नत तकनीकी सभ्यता के कुछ अवशेष
अवश्य मिलते हैं

पर उन तीनों यात्रियों का क्या हुआ
इसका कोई उल्लेख नहीं मिलता'।

उस रात
(एक आवारा कुत्ते की आत्मकथा)

सबसे अलग रह रहा था
उन घूरों पर दाना ढूँढता जहाँ कोई जाता न था
किसी ओटे किसी ठेले के नीचे सो जाता
कभी चाँदनी रात में अपनी परछाईं पर चलता
मालती के गंध की रस्सी पकड़े वहाँ तक
उस चारदीवारी तक जिसके अंदर थी वह गंध
और फिर ठिठक ताकता ऊपर
शीत में रोंये भींगते पूरा बदन हवा में ऐंठता एक खोखली हूक से
बिल्कुल आवारा कुत्ते का जीवन जी रहा था मैं

उन दिनों एक औरत
जानवरों से अपने प्रेम के लिए प्रसिद्ध थी
और मैं एक सलोनी को दूर से देखता रहता
छुरी सी तेज गंध मुझे चीरती
उसे आते देख हाँडी का भात बस सूँघ कर दूर हट जाता
फिर उसके पीछे पीछे चलता चला जाता हवा को सोखता
कि तभी उस रात जब चन्द्रमा आकाश में धंस चुका था
बस एक खुर उसका बाहर था
एक गाड़ी आकर रुकी और कोई बाहर कूदा
और गोली चलायी

यही हुक्म था सरकार का
आवारा पागल कुत्तों के कत्लेआम का

मैंने किसका क्या बिगाड़ा था
अगर भूख न होती और सड़े माँस का लोंदा
तो कभी कोई पागल न होता
बस पेट भर जा़ये और गर्मी में नम और जाड़े में गर्म राख
और यह चाँद और वह छुरी
फिर किसलिए यह सारा प्रपंच यह जाल

कि तभी नीलगायों का झुंड पूस की रात के घने कुहरे में पीछे
से आता सुन पड़ा

एक बार मेरा शरीर जैसे तड़का
पर मैं अब मैदान से बाहर हो रहा था
भर रही थीं धान के खेतों में नीलगायें और मैं आखिरी बार
भूँकना चाहता था
उस रात...

बच्चों के डॉक्टर की मौत पर

छोटी सी खबर थी
बच्चों की दवा-खुराक जैसी छोटी खबर
और उतनी ही छोटी
शवयात्रा भादों की उस सुबह

तुम्हें याद भी है वह चेहरा
धूल में लकीरों से भरा
मुलायम तलहथियाँ और
पपोटों के नीचे बेचैनी
और कान में तेज धड़कते
दिल की खटखट?
कौन जानता है उसका नाम फिर
कीचड़ में फँसी उसकी गाड़ी का नम्बर
याद है किसे द्वारपाल का चेहरा?

कभी उसने कहा नहीं कि उसे सबसे सुन्दर लगीं
वे औरतें जो पहली बार माँ बनीं
और आयीं उसके पास दूध से भरी हुईं
उसे हमेशा आश्चर्य हुआ कि कैसे
बच्चे को देखते उच्छृंखल बाप भी इतना बेचैन हो जाता है
जैसे हवा भरी गेंद
वो क्या है इस बिलबिलाती भंगुर देह में

जो आदमी को पागल कर देता है
जो नहीं था अभी अभी और अभी है
उसके लिए अचानक इतना तूफान हाहाकार
यह उगता हुआ दाँत यह जीवन नाखून की कतरन
कितनी है जीवन की लागत

वे बच्चे फिर कभी आये नहीं उसके पास
वे माँएँ भी नहीं
वह भी तो फिर किसी को पहचान नहीं पाया
और तुम भी तो नहीं
वे सब तुम्हारे लिए छोटे पड़े कपड़े ही तो हैं
देह से छोड़े हुए
मुण्डन में गिरे पहले केश।

उस दिन

जब वहाँ पहुँचा तब
बादल घूम रहे थे चारों तरफ
ऐसा लगा मुझे यहाँ नहीं आना चाहिए था
जैसे मैं उस घाट आ गया जहाँ
बस औरतें नहाती हों
और अब लौटना भी दुष्कर था
बादल मथ रहे थे लगातार

और फिर होने लगी बारिश अटूट
खूब गाढ़ी गम्भीर कम्बल की तरह
बैलों की पीठ भींग गयी थी पेड़ के नीचे
पसलियाँ भी पर पेट जहाँ सीवन थी देह की
अभी भी सूखा था
मैं दरवाजे पर खड़ा था
सँड़सी के बीच
और मुझे लगा यहाँ नहीं आना चाहिए था

घिर चुका था अब
निकलने का रास्ता एक ही था वही
जिधर से पानी आ रहा था सीढ़ियाँ चढ़ता लगातार
आदमी की तरह सुनसान सड़क पर रात में
और कहीं जोर जोर से बज रहा था झाल।

डोर

मेरे पास कुछ भी तो जमा नहीं
कि ब्याज के भरोसे बैठा रहूँ
हाथ पर हाथ धर
मुझे तो हर दिन नाखून से
खोदनी है नहर
और खींच कर लानी है पानी की डोर
धुर ओठ तक

जितना पानी नहीं कण्ठ में
उससे अधिक तो पसीना बहा
दसों नाखूनों में धँसी है मट्टी
खून से छलछल उँगलियाँ
दूर चमकती है नदी
एक नदी बहुत दूर जैसे
थर्मामीटर में पारे की डोर।

भीत

मेरी एक तरफ बूढ़े हैं
पीठ टिकाये बहुत पहले से बैठे जगह लूट
कि उतरेगी पहले उन्हीं पर धूप
मेरी दूसरी तरफ बच्चे हैं
मेरी आड़ ले खेलते क्रिकेट
कि गेंद यहीं जायेगी रुक

मैं एक भीत
खिर रही है एक एक ईंट
गारा बन चुका है धूर

पर गिरूँ तो किधर मैं किस तरफ
खड़ा खड़ा दुखने लगा पैर।

सींग

लगातार बढ़ रहा है सींग
घूमता तेज नुकीला आँख पर अन्दर
धीरे-धीरे मेरा देखना कट रहा है
डिग रही है ठौर से पुतली
मेरा चाँद कट रहा है
कट रही पतंग मेरा रास्ता रसद पानी का
जब भी ताकता पड़ता वही सामने
जितना भी चीरूँ जितना भी फेरूँ
बस वही वही एक कुछ नहीं
धब्बा भी नहीं काली भीत

लगातार बढ़ रहा है गेंडुर बाँधता
इतना कि दोनों पलकें अब सट नहीं रहीं
आँख पर अंकुश दाबता कोआ घोंटता पुतली
मुझी से फूट मेरा सींग मुझी को बेधता।

इस श्मशान पर

जहाँ कल पानी था मरने भर
वहाँ अब रेत है

कंधे पर लाश है
नीचे गर्म रेत
और पानी दूर
कंधे छिल रहे हैं

ऐसे भी धार में जान नहीं
उधर एक धारा है भारी
फिर पार रेती जहाँ खूब
तरबूज हैं

किसे है याद कल यहाँ कितना पानी था
जहाँ डूबी थी नौका वहाँ
एक बच्चा छपकता दौड़ता जा रहा है
पानी के नीचे चमकता बालू

पर सूखी रेत पर चलते भी लगता है भय
याद आ जाती है बाढ़ की नदी

और चलो और
जहाँ कुछ पानी है वहीं उतारेंगे
वही है सबसे बढ़िया जगह इस श्मशान पर।

घर-बाहर

(चीन और इंगलैण्ड के यात्रा-प्रसंगों पर आधारित)

(1)

माओ विश्राम

सो रहे हैं कामरेड माओ त्से तुंग
सो रहे हैं माओ त्से तुंग थाँग्ची
सो रहा है वो काला मस्सा ठुड्डी के पास
सो रहे हैं वे पाँव चलते चलते

इतनी जगी इतनी जगमग यह भूमि
इतने धूप-धुले बच्चे हरियाली ये तितलियाँ
मानो स्वप्न हों कामरेड माओ की नींद में—
बाँस की पत्तियाँ छू रही हैं नोक से नदी का जल
पीपा बज रहा है पकते धान के खेतों के पार

ये फूल तुम्हारे लिए कामरेड माओ
ये सैकड़ों फूल—
साल के सबसे ठंडे दिन भी खिले हैं फूल सैकड़ों—
सलाम माओ थाँग्ची लाल सलाम!

(2)

अर्द्धविराम

या तो वाक्य था या पूर्ण विराम
अर्द्ध विराम न था इस प्राचीन सभ्यता के लिखने में
इसलिए शुरू होती है आधुनिकता अर्द्ध विराम के साथ
न तो पूरा अंत न एकदम आरम्भ
एक साथ गति व विराम
अर्द्ध विराम,

(3)

तरीका

चीनियों जैसा खाना कितना मुश्किल है
कहते हैं क्लिंटन को नाकों चने चबाने पड़े इसे सीखते

दो सींकों से
चावल का एक एक दाना उठाना
या पूरा का पूरा सिंका हुआ बत्तख
या सेवइयों के अनन्त लच्छे

इतनी फुर्त्ती ऐसी सफाई
कि मैंने तो दबा लीं उँगलियाँ दाँतों तले
और पहली बार मुझे याद आया छट्ठी का दूध

तब बताया मेरी दोस्त रहमदिल वाङ्ग ने
बहुत आसान है देखो
एक सींक स्थिर रक्खो दूसरी चलाओ
एक स्थिर एक चलती

खाने का तरीका जीने का तरीका है
स्थिर चल।

(4)

जंगली बत्तखों वाला पैगोडा
(जहाँ यात्री शुआन च्वांग भारत से लौटने पर रहे)

ओ महाभिक्षु यात्री शुआन च्वांग
आज मैं आया हूँ भारत के पाटलिपुत्र से
शताब्दियों बाद उसी नालंदा के पास का एक क्षुद्र कवि
स्वीकार करो मेरा प्रणाम

तुम्हारे कपाल की अस्थि चमक रही है
स्मरण कर अपने धूल धूसरित दिन बुद्ध की धरती के
वे जंगली बत्तख जो एक शाम कभी उड़ते हुए आये
फिर हर शाम आये
इतना शांत पवित्र था गगन यहाँ
इतनी हल्की पानी से छनी हवा

आज शताब्दियों बाद इस बार मैं आया हूँ
तुम्हारी उस यात्रा की उड़ी हुई धूल की तरह
कोई भी यात्रा विराम नहीं पाती यात्री के साथ
यात्रा का कोई निर्वाण नहीं
वे प्रांतर वे विटप वे तड़ाग पूछते हैं बारम्बार
वो यात्री फिर कब लौटेगा?
वह छोड़ गया था अपना जल-पात्र यहीं।

(5)

बुद्ध मंदिर में

केवल प्रार्थना है भगवन
कोई तृष्णा
कोई आकांक्षा नहीं

मुझे कुछ चाहिए नहीं प्रभो
इस काष्ठ आसन पर झुक कर
अपनी सम्पूर्ण काया एक गाँठ की तरह बाँधता तुम्हें अर्पित
कर रहा प्रभु—
तुम्हारी जन्मभूमि से आया यह मोहबिद्ध प्राणी

देखता हूँ तुम्हारा भरा हुआ दान-पात्र
इतने सिक्के इतने युवान

मैं क्या डालूँ इस पात्र में प्रभु
रुपया डाल दूँ?
मेरे पास एक नया नोट है पाँच का
स्वीकार करोगे बुद्ध? रुपया चलेगा चीन में?
या केवल युवान?
डॉलर तो हरगिज नहीं बुद्ध को!

(6)

चीन की दीवार

देखने के बाद भी लगता है देखा नहीं
लगता है देखना रह गया
और मैं एक बार फिर उधर मुड़ता हूँ
हर अजूबा चीज पहले निराश करती है

एक दीवार जो चलती जाती है घूमती
रास्ते की तरह
एक दीवार जो रास्ता है
एक दीवार जो कुछ बाँधती नहीं
जो बस एक नक्शा है दीवार का
एक घर की तलाश

संसार के सात अजूबों में एक
कितना कम अजूबा है आज
जब इतनी अदृश्य दीवारें हैं चारों ओर हवा की दीवारें—
कितनी प्यारी है यह चीन की दीवार हाथी सी!

(7)

लू शुन की कोठरी

बस एक आदमी भर जगह, एक कदम चौड़ी
खिड़की किनारे पतला सा बिस्तर बाहर अखरोट का पेड़
और सिरहाने एक छोटी सी मेज और लम्बे शीशे वाला लैम्प—
इतनी छोटी कोठरी में कैसे अँटा इतना बड़ा देश
इतनी छोटी मेज पर फैलीं इतनी बड़ी कथाएँ
हर कथा ज्यों चीन का नक्शा।

(8)

भीख

'आप मेरी मदद करेंगे मैन?'
उस किशोरी ने पूछा जो पॉपी के फूल सी मंथर
पता नहीं कहाँ से आ गयी थी सनसनाती हवा में
जब मैं मोड़ पर खड़ा था यूँ ही अचानक

'किसी ने मेरा बैग छीन लिया
और मुझे घर जाना है, बस फेयर चाहिए'

'कितना' मैंने पूछा

'एक पौंड'
और मैंने उसे एक पौंड का सिक्का दिया

वह मुस्कायी, थैंक्स कहा और मुड़ कर एक बार फिर मुझे देखा

क्या वह झूठ बोली? उसका नाम क्या था?

जो भी हो, जीवन में पहली बार मैंने किसी को इतनी भीख दी—

एक पौंड यानी सत्तर रुपये—
मैं एक गरीब आदमी—
खैर! जो भी हो वह सुंदर थी।

(9)

लंदन की एक और रात

रात बहुत हो गयी है
चितकबरी रात
रोशनी में अंधकार की रात

क्लब के बाहर भीड़
और दो गोरे नौजवान बड़ी फुर्ती से भागे जा रहे फुटपाथ पर
दुकानों होटलों के बाहर गिरे सिगरेट के ठूँठ उठाते

कौन हैं वे
यूरोप से भागे शरणार्थी? लंदन के गरीब? आयरिश?
कौन थे वे जो मुझे अपने वतन की याद दिला गये?

(10)

प्रभु का घर

यॉर्क, 26 अगस्त, 2001, दिन के ग्यारह बजे—
वहाँ बस बूढ़े थे

वहाँ बस बूढ़े थे
(एकबारगी इतने बूढ़ों को देख मैं दहल गया)

वह रेस्तराँ बस बूढ़े चलाते थे
बूढ़े ही बनाते बूढ़े ही परोसते बूढ़े ही बेचते बूढ़े ही खरीदते
पूरा रकबा खचाखच भरा था बूढ़ों से
(कैसी लगेगी दुनिया अगर यहाँ सिर्फ बूढ़े हों)

प्रोफेसर वर्मा ने बताया, यह एक पुराना चर्च है यहाँ का
जो अब वृद्धों को दे दिया गया है
जो कल घर था ईश्वर का
वह आज आदम का घर है
प्रभु का उतारन मनुष्य का सिंगार

क्या ऐसा देवभूमि भारत में नहीं हो सकता?
तुम्हारी जन्मभूमि प्रभु मेरा विश्राम?

(11)

शेक्सपीयर का घर

सहसा विश्वास नहीं होता
मैं खड़ा हूँ शेक्सपीयर के घर के आगे
और फिर शेक्सपीयर के घर में—
यह रहा बच्चों का कमरा, यहाँ माँ पिता, यह रसोई, यह दुकान
और यहीं इस दरवाजे से भागा होगा वह किशोर
एन् के घर की ओर शाम होते होते
और यहीं उसने देखे होंगे छाती पर उगते पहले केश
उतारीं होंगी सीली जुराबें आखिरी बार इसी चौखट के पास

तो क्या वह भी वैसा ही एक बच्चा होगा वैसा ही युवा और फिर अधेड़

जैसे हर आदमी होता है?

कौन कह सकता है—
वंशी सी एवन नदी
काली मिट्टी में खिलते कत्थई गुलाब
चर्च के प्रांगण में एल्म के पेड़
कौन कह सकता है

जाकर कहूँगा अपने बेटे से
मैंने देखा शेक्सपीयर का घर जहाँ अब कोई नहीं रहता
शेक्सपीयर जो घर है पूरी दुनिया का।

बताएगा कोई किधर है हैमलेट का घर
ओथेलो लियर डेस्डिमोना इयागो फॉल्सटाफ कैलिबन
अरे नहीं, तब तो बनानी पड़ेगी दुनिया फिर से
और फिर उतनी जगह कहाँ पृथ्वी पर!

दाना

वह स्त्री फँटक रही है गेहूँ
दोनों हाथ सूप को उठाते गिराते
हथेलियों की थाप थाप्प
और अन्न की झनकार
स्तनों का उठना गिरना लगातार—
घुटनों तक साड़ी समेटे वह स्त्री
जो खुद एक दाना है गेहूँ का—
धूर उड़ रही है केश उड़ रहे हैं
यह धूप यह हवा यह ठहरा आसमान
बस एक सुख है बस एक शांति
बस एक थाप एक झनकार।

इंतजार

जिसने खो दीं आँखें वह भी एक बार
झाड़ता है अपनी किताबें
बादल गरजते हैं उसके लिए भी
जो सुन नहीं सकता
जो चल नहीं सकता उसके सिरहाने भी
रखा है एटलस
जिससे कभी किसी ने साँस नहीं बदली
उसे भी इंतजार है शाम का।

सम्बन्ध

जब आधा रास्ता आ गया
तब अचानक कुछ चमका, कोई नस—
समुद्र में गिरने के ठीक पहले लगा
पीछे सब छोड़ दिया सूखा

और अब कुछ हो नहीं सकता था,
फिर मैंने सोचा कितनी देर बहेगा खून
अपने आप थक्का बन जायेगा।

तेज छुरे सा खून से सना
चमक रहा था धूप में
पसीना कंठ के कोटर में जमा।

इतना बोलना ठीक न था मेरा,
जो सहती गयी वो इसलिए नहीं कि
उसे कुछ कहना न था, बस इसलिए कि
मेरे यह कहने पर कि अब बचा ही क्या है
उसने उठँगा दी पीठ
और देखती रही चुपचाप ढहता हुआ बाँध।

समुद्र

एक नशा एक नशे की खोज का नशा
सम्भोग के क्षणों के अंतिम प्रहार
लाश उठने के साथ की पछाड़

सोये मर्द पर तेजाब झोंक
भागती है औरत लम्बे धुँधले गलियारे से
सीढ़ियों की ओर
कि नीचे से कोई हँसता चला आ रहा ऊपर
और वो घूमती वापस घूमती ऊपर खाली सीढ़ियों पर धड़धड़
हठात् आसमान
और मिट्टी पर आखिरी छलाँग

कमीज की कालर कोई खींच रहा है
कोई मेरे पीछे पीछे पैरों के छाप पर पैर रखता
एक हाहाकार निरन्तर
चूने पर गिरता पानी खलखल
कितनी कम पड़ रही है समुद्र को जगह
अपने आप खुल रहे हैं दरवाजे
हर चीज अपनी जगह छोड़ती
कोई खींचता है बाँह कोई
किसने लिया मेरा नाम

कुछ राख और हड्डियाँ
खोई हुई काँच की गोली
मेरे बदन का छूटता रंग–
ओ मेरे अमर कोष मेरे आकर
मेरे अन्तिम धाम
मैं तो बस एक टिकिया रोशनाई नीली
अभी नहीं अभी नहीं अभी नहीं!

फरमाइश

चलते चलते वह जुलूस
हाथी घोड़े बत्ती वाला जुलूस
आगे आगे चमचम नवजवान
पीछे सबके थोड़ी बढ़ी उम्रवाले इत्र के फाहे
और ढेर सारे बच्चे सलमा सितारे
और ढेर बैंड बाजे
शहर का मशहूर गवैया चलंत मंच पर माइक लिए

चलते चलते वह जुलूस
एक सँकरे से रस्ते पर एक घर के सामने रुका
जैसा कि रुकता था हर थोड़ी देर पर नुमाइश में

चलते चलते वह गवैया
जिसकी मखमली सदरी पर रुपये टँके थे ताबड़तोड़
जो हिल रहा था पारे सा रोशनी में
इतना सजा इतना सुहावना कि खिड़कियाँ खुली की खुली
रह जातीं

चलते चलते वह गवैया वहाँ रुका
और रुक कर एक गाना पूरा किया
पंखों से भरी वह आवाज– इतना रवा इतनी धारियाँ
इतना पानी इतनी लपट– वो आवाज जो
दिल काढ़ लेती थी

फिर दूसरा गाना फिर तीसरा
लर टूटता न था जबकि रिवाज के मुताबिक
एक से ज्यादा एक जगह होना न था

जब साँस थमी और बैंड वालों के फूले गाल दबे
तो एक साथ आवाजें उठीं– बढ़ाओ बढ़ाओ
पूरा जुलूस बोल रहा था
हाथी बार बार सूँढ़ फेंक रहे थे
ऊँट पैर बदल रहे थे और बत्तियाँ ढोने वाले
गरदन घुमाने की चाह में थे
लेकिन गवैये ने
शहर की सबसे मशहूर बैंड पार्टी के सबसे प्यारे गवैये ने
जो एक ही कंठ से गाता था दो आवाजों में और जिसने
कोतवाल के सामने भी कभी एक से दो नहीं गाया
उसी ने अब चौथा राग कढ़ाया मानो अपनी ही
फरमाइश पर
और एक हाथी जोर से साँस छोड़ता बैठ गया वहीं

वह क्यों रुक गया था उस रात वहाँ उस मोड़ पर
सुफेद मकान के आगे जो बत्ती की रोशनी में और भी सुफेद
लग रहा था
कोई नहीं जानता।

शाम

यों ही जब शाम होगी
रोशनी की छाप होगी
धूप तब तक गर चुकी होगी
हवा टुक उतर पेड़ों से हमें चुप घेर लेगी
जल नदी का तै नहीं कर पाएगा कि क्या करे उन खुले पालों का
जब सोचता ठिठका रहेगा फल कि पहले कहाँ से कर दे शुरू पकना
जब इक सांवरी भार देती स्तनों पर खोल देगी पाट दोनों खिड़कियों के
हिलेगा नाक का मीना
मूंद लेगा आँख पोखर गोल नभ में नींद
जब भीड़ होगी पक्षियों की ठीक माथे पर
छिंटेगा एक तारा
और मुँह पर हवा पांखों की
झोर देगी वृद्ध बरगद को जड़ों तक
जब आखरी लड़के गेंद लुढ़काते घरों को फूटते होंगे
जोर की आवाज गप की छूटते मजदूर धाहें ईंट भट्ठों की
और फिर एक दम सन्नाटा
तब अकेले मैं निकल
फिर उन्हीं घबरायी सड़कों पर

तेज चल कुछ फिर ठहरता साँस लेने
सोचता कि किधर जाना है
किसी के घर कि किसके घर
कि यों हि...

मेख

मेरे दिल में इतनी मेखें हैं
कि तन सकते हैं प्यार के हजार शामियाने
पर हाय जिस किसी काग को बनाया कासिद
वही कंकाल पर ठहर गया

पूर्णिमा का चाँद यह
घुमाता है मुझको चाक पर अपने
घुमाते घुमाते एकदम छोड़ता हाथ
मैं गिरता हवाओं पे उघरता खुलता

मैं तुम्हें सोचता हूँ बहुत
जल रही लालटेन सूखी लिपी भूमि पर
और तुम देख रहीं धूर की परछाईं
और तुम देख चमक रहीं शीशे सी
यहाँ तो बादर हैं चारों तरफ
भीतर धुंद सालों से ठहरा
रात भर बैठ चली गयीं भेंड़ें
खाली खेत फिर वही शीत

सबसे छुपा बाँधता हूँ रोज पट्टियाँ चुपचाप
देखता हूँ घाव अपने खोलकर हर रात।

(शाह लतीफ को पढ़ कर)

आतप

आ रहा है ग्रीष्म
देह का एक एक रोम अब
खुल रहा है साफ और अलग
नभ इतना खुला फैलता हुआ
सूरज डूबने के बाद भी

नदी का स्वच्छ आँख के कोए-जैसा पानी
और भीड़ भरे नीड़
मूक उठता हुआ चाँद
और पीपल कत्थई पत्तों से छलछल
और बटलोही में कलछुल चलने का स्वर
फैलती है भात की गर्म गाढ़ी भाप
रात के आर्द्र नथुनों तक

चाँदनी से गीले हैं खेत छायाएँ खुदी हुईं भारी
ऐसी स्तब्धता शाखों के भीतर
ऐंठती मंजरों से भारी देह
बहुत दूर भीतर उठती है हूक
यह किसकी कूक है किसकी पुकार
कौन मुझे उठाता है धूल-सा, कैसा बवंडर
जाऊँगा उस अंधे पुल तक जहाँ एक अकेला पेड़ है
बैठ कुछ देर फिर लौटूँगा
खाली है रास्ता बीत गया वक्त
कोई सवारी नहीं आती इस ओर शाम के बाद।

आश्विन

ऐसा क्या है इस हवा में
जो मेरी मिट्टी को भुरभुरा बना रहा है
धूप इतनी नम कि हवा उसे
सोखती जाती है पोर पोर से
सिंघाड़ों में उतरता है धरती का दूध
और मखानों के फूटते लावे हैं हवा में
धान का एक एक दाना भरता है
और हरसिंगार खोलता है रात के भेद;
चारों तरफ एक धूम है
एक प्यारा शोरगुल रोंओं भरा।
इसी दिन का तो इंतजार था मुझको
इसी नवरात्र के प्रहर का
आकाश इतना नीला गूँज भरा
शरीर इतना साफ निथरा,
ये हवा जो रोंओं को उठा रही है
ये हवा जो मुझे खोल रही है
जैसे मैं फूल हूँ अगस्त्य का
इतनी इच्छाएँ ऐसी लालसा
मैं भर जाता हूँ जौ के अंकुरों से।

अनुभव

और तुम इतना आहिस्ते मुझे बाँधती हो
जैसे तुम कोई इस्तरी हो और मैं भींगी सलवटों भरी कमीज
तुम आहिस्ते आहिस्ते मुझे दबाती सहला रही हो
और भाप उठ रही है और सलवटें सुलट खुल रही हैं
इतने मरोड़ों की झुर्रियाँ—
तुम मुझमें कितनी पुकारें उठा रही हो
कितनी बंशियाँ डाल रही हो मेरे जल में
मैं जल चुका कागज जिस पर दौड़ती जा रही आखरी लाल
चिंगारी

मैं तुम्हारे जाल को भर रहा हूँ मैं पानी।

देह-गाथा

कभी
कभी अकेले बिल्कुल अनजान शहर में
रात में बल्ब की पीली रोशनी में अचानक
छूते हुए डरता हूँ यह देह स्तब्ध
बहुत दिनों से कहीं कोई तृण कोई मंजर नहीं
जबकि पहले किसी पाँव की आहट भर से
पुल की तरह हिलने लगता था
अब बादलों के बीच भी सूखा

कोई चीज थी जो पहले
जैसे रोंओं से झरती थी
जैसे भुट्टे की तरह गसी रहती थी
जैसे तारों की तरह थाल में भरी रहती थी
जैसे मछलियों की तरह खलबल करती थी
और बिना हवा के नदी को फोड़ती रहती थी
अब इतना कम कि बहुत फूँकने से गुब्बारा जरा सा फूल
फिर बैठ जाय
एक बीघा खेत में सेर भर धान

तो क्या मैं बूढ़ा हो रहा हूँ
क्या सचमुच ढीली हो चली हैं पंखुड़ियाँ

तो क्या अब मेरा काम सुबह शाम माथा थाम
देर तक बैठना भर होगा
मिट्टी में मिलना ठोप ठोप

और यह देह विवाह के वस्त्र सी
संचित रहेगी जर्जर संदूक में
जिसे कभी खोल देखूँगा और फिर तह लगा
वापिस रख दूँगा
जिसके बदले फेरीवाले से अलमुनियम गिलास भी
कभी ले नहीं पाऊँगा
और किमखाब से उड़ जाएगी पुराने इत्र की खुशबू।

बारिश

इतनी घनी बारिश हो रही है
खूब घने केशों जैसी बारिश
खूब काली रात भारी रात
सफेद फूलों को रौंदती
इतनी घनी कि सब कुछ
भूलता जा रहा हूँ
यह भी कि कल एक चाँद था
और परसों कुछ तारे
इतनी घनी कि नहीं कहीं
तड़ित की कौंध न हवा
इतनी घनी बारिश कि पोखर का जल
छटपट
घनी गाँजे के धुएँ सी
इतनी कि भूलता जा रहा
यह भी कि एक चाँद था
और कुछ तारे थे
और मेरे बिस्तर पर पाँव मोड़े
वह स्त्री जो बादल थी कल तक
सब कुछ बिसरता जा रहा
पसरती है मलहम की गंध।

रात की गाथा

जैसे उतरने में एक पाँव पड़ा हो ऐसे
मानो वहाँ होगी एक सीढ़ी और
पर जो न थी
ऐसे ही हाथ पीठ पर पड़ते लगा उसे

और ऐसे ही सुबह हुई
हाथ पीठ पर रक्खे रक्खे।

वृथा

जब उम्र कम थी
काले थे केश और आभा थी
पर मैं दुबला था बहुत

फिर उम्र बढ़ी
शरीर गोटाया आँखों को थाह मिली
पर कहाँ कैसे निबहना आता न था

अब जब उम्र हुई
जानता हूँ दाँव पेंच शास्त्र कुल
पर साथ नहीं देह न थाह न आभा

कभी कच्चा कभी डम्भक कभी पुलपुल।

इच्छा

मैं जब उठूँ तो भादों हो
पूरा चंद्रमा उगा हो ताड़ के फल सा
गंगा भरी हों धरती के बराबर
खेत धान से धधाए
और हवा में तीज त्योहार की गमक

इतना भरा हो संसार
कि जब मैं उठूँ तो चींटी भर जगह भी
खाली न हो।

भार

जो जीवित हैं उनसे बहुत अधिक हैं वे जो मृत हैं
जीवन से कहीं अधिक है मृत्यु का भार हम पर जो जीवित हैं
हम जो झड़े फूलों के वृन्त हैं
हम जो उड़ते बीज हैं कटे पेड़ों के
उस सब का भार पुतलियों पर जो देखा जा चुका वो सब जो
मुद्रित है वक्ष के सिंझते लाह पर
उस सब की काई जो बहा हम पर

जीवितों की संख्या से कहीं अधिक है मृतकों की आबादी
फिर भी मर्त्य लोक से ज्यादा बड़ा है जीवन संसार
फिर भी धुआँ उठ रहा है बस एक कोने पर
बाकी पानी है चारों तरफ और जीने की डोंगियाँ
समूचे शरीर में खून के साथ सुई के नाचते जाने की यातना
चिथड़े करती इस अंतिम वस्त्र को
आधी रात को धारासार वर्षा में गूँजता है जच्चा वार्ड
इतना बड़ा शहर इतनी संकीर्ण कब्रगाह

मैं तुम्हें अचानक सोचता हूँ जैसे एक ट्रक की तेज हेडलाइट
और फिर एकदम ढहता गिरता अँधेरे खड्ड में
इतने सितारे
इतनी हवाओं के झालर
कोई पीछे से छूता है मेरा कंधा
घूमता हूँ तो खाली मैदान और हवा...।

राख

शायद यह रुक जाता

सही साइत पर बोला गया शब्द
सही वक्त पर कंधे पर रखा हाथ
सही समय किसी मोड़ पर इंतजार

शायद रुक जाती मौत

ओफ्! बार बार लगता है मैंने जैसे उसे ठीक से पकड़ा नहीं
गिरा वह छूट कर मेरी गोद से
किधर था मेरा ध्यान मैं कहाँ था

अचानक आता है अँधेरा
अचानक घास में फतिंगों की हलचल
अचानक कोई फूल झड़ता है
और पकने लगता है फल

मैंने वे सारे क्षण खो दिये
वे अंतिम साँस के क्षण
अपनी साँस उसके होंठों में भरने के क्षण
भरी थीं सारी टंकियाँ जब वह एक घूँट पानी को
तड़पा इतनी हवा थी चारों ओर
उस समय क्या कर रहा था मैं
याद करो तुम क्या कर रहे थे उस वक्त

मुझे सोना नहीं था नहीं
मुझे अपनी पलकें अंकुशों से खींचे रखनी थीं
मैं चीख तो सकता था मैं रो तो सकता था जोर से
मेरे तलवे काँपते तो भूकम्प से

जिसमें इतनी आग थी
उसकी इतनी कम राख!

धमक

जब धूप उत्तर से आने लगेगी
जब पत्तियों का रंग बदल रहा होगा
और वे तनों से खुल गिर रही होंगी
मैं गिरूँगा रस्सी से छूट डोल-सा
किसी शहर किसी गाँव या राह में
कोई हाथ बढ़ेगा कई हाथ बढ़ेंगे
धरती मुझे सम्भाल लेगी चारों तरफ से
घेर लेगी मूँद लेगा गर्भ का अंधकार
जीने के श्रम का अंतिम पसीना ललाट पर शायद
उतर जायेगी आखरी फिल्म पुतली पर से

बच्चे दौड़ते जा रहे हैं हवा में झूलते
मेरे तन में धरती भरती उनकी धमक।